AF326288

EDICTZ FAICTZ PAR

le Roy noſtre ſire ſur la reception des procureurs, tant en ſes courts ſouueraines, qu'es iuriſdictions ordinaires de ſon Royaulme, Publiees en Parlemét. Le xvii. iour de Nouébre. 1544

On les vend au Palays, Par Iehan André Libraire iuré de L'vniuerſité de Paris.　　　Auec priuilege,

RANCOYS par la grace de dieu Roy de Fráce, A tous ceulx qui ces presentes lettres verront salut. Comme nous soyons deuement aduertiz, que en noz courtz de Parlement, bailliages, seneschaulcees, preuostez, iurisdictions & sieges y resortissans, y a si grát & effrené nóbre de Procureurs: & encores s'en faict tát de nouueaulx par chascun an, que n'ayans la plus part d'entre eulx aultre moyé de viure, fors de leur estat & practique: Ilz sont contrainctz nourrir, multiplier, & prológer les proces le plus souuent par mutuelle intelligence, qu'ilz ont entre eulx, au grand detrimét des pauures parties litigátes. Pour lesquelles causes feu nostre trescher sieur & beaupere le Roy Loys dernier decedde, voyant que deslors le nombre desdictz procureurs en nosdi-

ctes courts & ailleurs eſtoit ſi exceſſif,
qu'ilz ne pouoient viure lesvngs pour
les autres. Et par ce moyé tenoiét touſ
iours les proces en longueur : Ordóna
des lan quatre cens quatre vingtz dix-
huiĉt, que le nombre deſdiĉtz procureurs, tant es courtz de parlement que
ailleurs, ſeroit reduyĉt en nombre com
petant, les gens de bien & ſuffiſans re-
tenuz, & les inſuffiſans reieĉtez. Et có-
bien que ceſte ordonnáce cóme treſvti
le & neceſſaire euſt eſté leue, publiee,
& enregiſtree en noſtrediĉte court de
Parlement, & deuſt eſtre treſeſtroiĉte-
mét gardee: Touteſſoys elle na depuys
eſté entretenue, n'obſeruee: Mais au có
traire le nombre deſdiĉtz procureurs
touſiours augmenté, à la grande foulle
& charge de noſtre paouure peuple, ve
xation de tous les eſtaz de noſtre Royaulme, & au grand deſordre, cófuſion,

& perturbation de noſtre iuſtice. Scauoir faiſons que nous deſirant ſingulie
rement pourueoir & donner ordre es
choſes qui touchent & concernent le
bien, repoz, & tranquillité de noz ſub-
iectz, la ſincerité, & abreuiation de iuſtice: Et eu ſurce l'aduis, & deliberation
des gens de noſtre conſeil priue, Auós
dict, declaré, ſtatué, & ordonné, & de
noz certaine ſcience, plaine puiſſance,
& authorité royal diſons, declairons,
ſtatuons, ordonnons, & deffendós treſ
expreſſemét, qu'en noſdictes courts de
parlemét, balliages, ſeneſchaucees, preuoſtez, ſieges y reſſortiſſans, & autres
noz iuriſdictiós quelcóques, Aucun ne
ſoit doreſenauát receu à faire le ſermét
de procureur, oultre ceulx qui y ſót de
preſét: tát que p̃ nous autremér en ſoit
ordonné. Soubz peine à ceulx qui ſe feront recepuoir apres la publication de

cefdictes prefétes ˉ, d'encourir en crim̄
& peine de faulx pour le regard de tou
ce qui fera peulx faict accordé, & pro
curé pour les pties, pour lefquelles il̄
auroient occupé. Et de tous defpés, dõ
mages, & intereftz enuers telles partie
qu'il appartiendra. Si donnõs en māde
ment à noz amez , & feaulx cõfeillers,
les géns de noz courtz de parlement à
Paris, Tholoze, Bordeaulx, Roué, Di-
ion, Grenoble, Aix, & Bretaigne que
noz prefens ordõnáces ftatut, & defen
fes ilz entretiennent, gardent, & obfer
uent, facent inuiolablemét par les peines deffus indictes entretenir, garder,
& obferuer: Et lire, publier, & enregi-
ftrer refpectiuemét en chafcune de nof
dictes courts, Sás aller, ne venir directe
ment ou indirectement au contraire
en quelque maniere que fe foit Et a fin
que les bailliz, fenefchaulx, preuoftz,

iuges , ou leurs lieutenans de leurs ref-
fortz obferuét le femblable chacun en
fon regard : Nous voulons qu'apres la
lecture, & publicatió, & enregiftremét
de cefdictes prefentes , en nofd.courts,
ilz enuoiét vng vidimus d'icelles deu-
mét collationné, & autétique aufdictz
bailliz, fenefchaulx, preuoftz & iuges
de leurfdictz reffors refpectiuemét: leur
mandát & enioignant trefexpreffemét
de par nous fouz les peines que deffus,
garder, & obferuer de leur part noftre-
dicte ordónance chafcun en leurs fieges , & iurifdictions , Car tel eft noftre
plaifir. Et pource que de ces prefentes
lon pourra auoir a befongner en plu-
fieurs & diuers lieux, Nous voulós que
au vidimus d'icelles faict foubz feel
royal, & deu emét collatióné de lûg de
noz amez & feaulx notaires, & fecre-
taires foy fo it adiouftee, comem au pre

sent original. Auquel en tesmoig de ce
nous auõs fait mettre noftre feel, dõné
a Arques, le xvi. iour Doctobre: Lan de
grace mil cinq cens quarante quatre.
Et de noftre regne le trétiefme. Ainfi fi
gné par le Roy, vous monfieur le prefi
dét Oliuier garde des feaulx, & autres
prefens, Bochetel. Lecta publicata & re
giftrata audito pcuratore generali re
gis, Parifiis in Parlamento, decima fe-
ptima die nouébris. Anno domini mil
lefimo quingentefimo quadragefimo
quarto, Ainfi figné Berruyer. Collatió
eft faicte a l'original.

Collation eft faicte.

Extraict des regiftres des ordõnances
Royaulx, enregiftrees en la court de
Parlement.

RANCOYS Par la grace de Dieu Roy de Fráce, Atous ceulx qui ces preſentes lettres verrót ſalut. Cóme par noz lettres d'e dict ces iours paſſez expediees:Et pour les bónes iuſtes & raiſónables cauſes & cóſideratiós aplain cótenues & declairees par icelles : Nous ayons expreſſement prohibé, & defendu de ne receuoir plus aulcuns au ſerment & charge de procureur, tant es courts ſouueraines de noſtre Royaulme,qu'en noz iu riſdictions inferieures,iuſques à ce que par nous autrement en ſoit ordonné, Lequel edict ainſi couché en termes ge neraulx ſans autre plus ample declaration, on pourroit pretendre eſtre aucu nemét preiudiciable à lauctorite & pre rogatiue de noſdictes courts ſouuerai-

B

nes, baillifz, feneschaulx, & autres noz
iuges quất a la puifion audictz eftatz,
& charges de procureurs, fi fur ce n'e-
ftoit par nous faict plus ample declara
tion,& interpretation de noz vouloir
& intention. Scauoir faifons que nous
bien recordz & memoratif du côtenu
en noftre edict, Auốs par ces prefentes
de noz certaine fcience, plaine puiffan
ce & authorité royal dict &declaire,di
fons & declairốs que par icelluy edict
nous n'auons entếdu & n'entendons
en quelque facon que ce foit,auoir au-
cunemết derogé audictes authorité &
prerogatiue,par nous & noz predecef
feurs octroyees à noftre court de Par-
lemết à Paris,& autres noz courts fou
ueraines bailliz, feneschaulx, & autres
noz iuges de pourueoir audictz eftatz
& charges de procureurs . Ains apres
que le nombre defdictz procureurs qui

font auiourdhuy fera diminué,en telle
maniere que nofdictes courts voient
qu'il foit vtile & requis pour le bié pu
blic & expedition des caufes y en mettre dautres:Nous ferons au rapport,&
par laduis de nofdictes courts fouuerai
nes expedier noz lettres de fublation
des inhibitions contenues en icelluy
noftre edict,pour par noz deffufdictes
courts & autres nofdictz iuges inferieurs refpectiuement eftre pourueu auf
dictz eftatz & charges de procureurs,
en tel nóbre qu'il fera requis & cóue-
nable . Et a fin que icelles nofdi.courts
pour le regard des fieges inferieurs puif
fent plus clairemét & au vray cognoi-
ftre, & nous bailler leurdict aduis quát
il fera téps d'y mettre procureurs nou
ueaulx ,elles f'en pourront informer p
les iuges des lieux,& autres officiers ad
uocatz, & practiciés defdictz fieges.Et

enprédre auſſi leur aduis en deffendāt
trefexpreſſement par cefdictes preſentes à tous pourſuyuás d'eſtre pourueuz
audict eſtat de procureur . Que doreſ-
nauāt, ilz n'aient recours ailleurs qu'a
icelles noſdictes courts & autres noz
iuges inferieurs reſpectiuement pour y
eſtre receuz . Et ſi par importunite, ou
autrement ilz auoient obtenu , ou ob-
tenoient de nous ſur ce lettres au contraire, nous les auós deſapreſent cóme
pour lors caſſees, reuocquees & adnullees, caſſós, reuoquós & adnullós, diſós
& declairons nulles, & nevoulós p icel
les noſdictes courts & iuges inferieurs
y eſtre aucunement obey . Si donnons
en mandemét par ces preſentes , a noz
amez & feaulx conſeillers les gentz de
noſtredict court de Parlement à Paris
& autres noſdictes courts ſouueraines:
Et à tous noz baillifz, ſeneſchaulx, pre-

uoſtz , & autres noz iuſticiers & officiers ou a leurs lieuxtenás, & a chaſcun
deulx endroiƈt ſoy & ſicóme à luy appartiendra: Que noſdiƈtes deffenſes a-
uec tout le reſte du cótenu cy deſſus ilz
facent entretenir , garder & obſeruer,
Ceſſans & faiſans ceſſer tous troubles
& empeſchemés au cótraire. Car tel eſt
noſtre plaiſir. Nonobſtant quelcóques
ordonnáces, reſtrinƈtiós, mádemés, ou
defenſes à ce contraires . Et pource que
de ces preſentes lon pourra auoir affai
re en pluſieurs & diuers lieux , Nous
voulons qu'au vidimus d'icelles faiƈt
ſoubz ſeel royal, ou collatióne par lúg
de noz amez & feaulx notaires & ſe-
cretaires , foy ſoit adiouſtee cóme à ce
preſent original . Auquel en teſmoing
de ce , Nous auons faiƈt mettre noſtre
ſeel , donné à ſainƈt germain en laye le
premier iour de Nouébre, Lan de gra-

ce mil cinq cens quarãte quatre: & de
noſtre regne le trétieſme. Ainſi ſigné
ſur le reply, Par le Roy en ſon conſeil,
Bochetel. Lecta publicata & regiſtra
ta, audito procuratore generali regis,
Pariſiis in Parlaméto, decima ſeptima
die Nouembris, Anno domini milleſi-
mo quingétéſimo quadrageſimo quar
to.Sic ſignatum,Berruyer. Collatiõ eſt
faicte a l’original.

Collation eſt faicte.

Extraict des regiſtres des ordonnáces royaulx enregi-
ſtrees en la court de
Parlement.

Extraict des regiſtres de
Parlement.

SVR les deux lettres patétes du Roy, Les premieres donnees a Arques en dacte du ſeziéme iour d'Octobre derꝫier paſſé, par leſquelles, & pour les cauꝫes contenues en icelles ledict ſeigneur declaire, ſtatue, & ordóne en defendát treſexpreſſemét qu'es courts de Parlement, balliages, ſeneſchaucees, preuoſtez, ſieges y reſſortiſſans, & autres ſes iuriſdictiós quelzcóques aucun ne ſoit doreſnauant receu à faire le ſerment de procureur, oultre ceulx qui y ſont de preſent: tant que par luy autrement en ſoit ordóné, ſoubz peine à ceulx qui ſe feront receuoir apres la publicatió deſ dictes lettres, d'encourir en crime, & peine de faulx pour le regard de tout ce qui ſera p eulx faict, accordé, & pro-

eure pour les parties, pour lefquelles il
auroient occupé, & de tous defpen
dommaiges & intereftz. enuers tell
parties quil y appartiendra. Les fecon
des donnees a fainct Germain en Lay
en dacte du premier iour de ce moysd
Nouembre, portát declaration dudic
feigneur qu'il n'a entendu, & n'entend
en quelque facon que ce foit, auoir au
cunement derogé aux auctorite & pre
rogatiue par luy & fes predeceffeurs o-
ctroyees a cefte court de Parlement, &
autres fes courts fouueraines, Baillifz,
fenefchaulx, & autres fes iuges, de pour
ueoir aux eftatz & charges de procu
reurs, ains apres que le nóbre defdictz
procureurs qui font auiourdhuy fera
diminue en telle maniere que lefdictes
courts voyét qu'il foit vtile, & requis,
pour le bien public, & expedition des
caufes y en mectre autres, Il fera au rap

port, & par l'aduis defdictes courts fou
ueraines expedier fes lettres de fublation des inhibitions côtenues efdictes
premieres lettres , Pour par lefdictes
courts & autres fes iuges iferieurs refpe
ctiuemét eftre pourueu aufdictz eftatz
& charges de procureurs , en tel nombre quil fera requis & conuenable. Et à
fin que lefdictes courts, pour le regard
des fieges inferieurs, puiffent plus clai-
rement & au vray congnoiftre, & luy
bailler leurdict aduis quant il fera téps
d'y mettre procureurs nouueaulx, Elles
f'en pourront informer par les iuges
des lieux, & autres officiers, aduocatz,
& practiciés defdictz fieges, & en pren
dre auffi leur aduis. En defendant trefexpreffemét à tous pourfuynans d'eftre
pourueuz audict eftat de procureur,
que d'orefnauant ilz n'ayent recours
ailleurs que aufdictes courts & autres

C

ſes iuges inferieurs reſpectiucmét pour
y eſtre receuz. Et ſi par importunite ou
aultrement, ilz auoient obtenú & ob-
tenoient dudict ſeigneur, ſur ce, lettres
au contraire : Ledict ſeigneur les à des
a preſent, comme pour lors caſſees, ré-
uocquees, & adnullees : caſſe, reuocque,
& adnulle, dict & declaire nulles, & ne
veult par icelles courts & iuges inferieurs y eſtre aulcunement obey. Apres
que leſdictes deux lettres ont eſte iudi-
ciairemét leues. Et que le maiſtre pour
le procureur general du Roy à requis
ſur le reply eſtre mys, Lecta, publicata,
& regiſtrata. La Court dict qu'elle à or
donne & ordonne, que ſur le reply d'i-
celles deux lettres patentes ſera mys,
Lecta publicata & regiſtrata audito p-
curatore generali Regis. Et au demou-
rant pour l'execution du bon vouloir
& plaiſir du roy, declaire par leſdictes

lettres ordóne , icelle court au greffier
d'icelle & ses clers de faire despescher le
plus promptement quil sera possible le
double ,ou coppie desdictes deux lettres deuement collationné a l'original
affin de l'enuoier par tous les sieges des
bailliz , & seneschaulx royaulx imme-
diatemét ressortissans en ladicte court,
Aussi ordóne ladictecourt que lesdictz
bailliz & seneschaulx ,ou leurs lieuxtenás tant generaulx que particuliers les
aduocatz & procureurs du Roy ausdictz sieges ,& deux des plus anciés aduocatz d'iceulx sieges s'assembleront
en chascun desdictz sieges , & dedans
huictaine apres auoir receu le double
desdictes deux lettres pour aduiser en-
semblement quel nóbre de procureurs
en leurs sieges laffluence des causes qui
y est & viét , pourra porter & souffrir.
Et leurs a duis apres que celluy qui pre-

sidera a lassemblee en chascun siege aura prins le serment de ceulx qui seront
assistans, & que luy mesmes l'aura faict
de sa part, ilz signeront & clorront, &
tous signez & cloz enuoiront par deuers icelle court, pour iceulx aduis
veuz par ladicte court estre ordonné
sur la diminutió ou ampliation du nóbre des procureurs esdictz sieges ainsi
qu'il apartiendra par raison . Et quant
aux balliages & seneschaulcees, esquel-
les il y a certain nombre de procureurs
tel qu'il à esté ordonné cy deuant par
les arrestz de ladicte court a ordonné
& ordóne ladicte court que les bailliz
& seneschaulx desdictz balliages & se-
neschaucees & leurs lieuxtenans gene
raulx & particuliers les aduocatz &
pcureurs du roy desdictz balliages &
seneschalcees, & deux des plus anciens
aduocatz s'assembleront en la manie-

e deuant dicte pour aduiser si selon le
temps, il est besoing augmenter ou di-
minuer le nombre des procureurs estás
esdictes feneschaucees & balliages : &
enuoyrós leurs aduis cloz & signez cõ
me dessus est dict deuers ladicte court
pour en estre ordõné par ladicte court
ainsi que de raison . Et ce pendant par
maniere de prouision a ordonne & or
dõne icelle cornt, que les arrestz par el
le donnez determinans le nombre des
procureurs qui doibt estre esdictes se-
neschaucees & balliages, seront obser-
uez & entretenuz & executez selon
leur forme & teneur . Et faict ladicte
court inhibitions & defenses ausdictz
bailliz & feneschaux d'y cõtreuenir au
cunemét. Faict en parlemét le dixsep-
tiesme iour de nouembre, Lá mil cinq
cens quarante quatre.